PRIER
SAINT ANTOINE

La collection CHRIS✝IC rassemble des figures incontournables du christianisme à travers un choix de textes destinés à tous ceux qui souhaitent vivre intensément leur spiritualité.

Dans la même collection

Sainte Rita, à genoux, je vous implore, venez à mon secours, BoD, 2021.

Saint Joseph, généreux père, choisi par Dieu, veillez sur moi, BoD, 2021.

Prochaine publication

Sainte Thérèse de Lisieux.

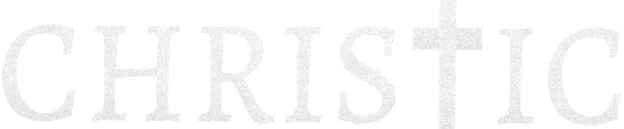

Textes recueillis par
Adelaïde Joseph

PRIER SAINT ANTOINE

TOI, MESSAGER DE PAIX, PORTE MA DEMANDE AUPRÈS DE DIEU !

Les prières, les neuvaines, les litanies les plus puissantes pour toutes les situations difficiles…

CHRIS✝IC

© 2022 Adelaïde Joseph - CHRISTIC

ISBN : 978-2-3224-5984-1

Édition : BoD – Books on Demand, info@bod.fr
Impression : BoD - Books on Demand, In de Tarpen 42,
Norderstedt (Allemagne)
Impression à la demande.

Dépôt légal : octobre 2022

BIOGRAPHIE
DE SAINT ANTOINE

Les premières années

Fernando Martins de Bulhões, en religion frère Antoine, est surnommé aussi saint Antoine de Lisbonne, où il est né au Portugal en 1195, « le Thaumaturge », ou encore saint Antoine de Padoue. De famille noble aux traditions militaires, fils d'un chevalier au service du roi, il fut baptisé dans l'église cathédrale, sous le nom de Fernand.

À quinze ans, il entre au monastère des Chanoines de saint Augustin à Saint-Vincent de Fora, où il ne reste que deux années. Il demande alors à être transféré au monastère de la Sainte-Croix de Coimbra, à l'époque la capitale du Portugal. Pendant huit ans, il suit fidèlement et avec ferveur la *Règle* de saint Augustin et reçoit une formation théologique et biblique spécialisée, sous la direction de maîtres Chanoines.

À vingt-cinq ans, il reçoit l'ordination sacerdotale et exerce son ministère dans les églises et paroisses, sous la dépendance du monastère.

LE CHOIX FRANCISCAIN

En 1220, il fait la rencontre des frères franciscains de saint François de l'ermitage dos Olivais, près de Coimbra. Plusieurs d'entre eux, partis au Maroc évangéliser les Sarrasins, y furent martyrisés, et leurs reliques, ramenées à Coimbra par le frère du roi, bouleversent très profondément le tout jeune prêtre.

Cet événement le conduit plus tard à leur demander : « *J'aimerais moi aussi être des vôtres, si vous me promettez que, une fois chez vous, vous m'enverrez au Maroc, pour partager avec ces saints martyrs, la couronne du martyre.* »

Il devient donc ainsi « frère Antoine », en hommage à saint Antoine du désert, premier ermite chrétien connu.

Nous sommes au printemps 1220.

Au mois de septembre, il quitte finalement les frères d'Olivais pour se rendre à Marrakech.

Du Maroc à Assise

Une fois parvenu au Maroc, il ne peut exercer son ministère car il tombe malade. Dans l'impossibilité de recouvrer la santé, il doit être rapatrié en Europe. Durant la traversée, des vents violents emportent son bateau vers les côtes de la Sicile, et c'est là qu'il va rencontrer les franciscains de Messine.

Nous sommes au printemps 1221.

Saint François d'Assise a convoqué ses 5 000 frères à Assise, pour ce qui fut le premier *chapitre général de l'ordre*, destiné à régler les problèmes liés à la vie de la communauté. On l'appelle le « chapitre des nattes », car faute de lits, les religieux furent contraints de dormir sur des nattes.

Il passe ensuite un an au couvent de Montepaolo, un peu isolé du reste de la communauté.

Prédicateur en Italie et en France

En septembre 1222, à Forlì, des frères Franciscains et Dominicains célèbrent ensemble des ordinations sacerdotales.

À l'heure de la conférence, Antoine prend la parole à la place d'un frère. Il fait preuve alors d'un vrai talent d'orateur et montre une connaissance des Écritures et une clarté d'exposition qui suscite l'admiration de tous.

À partir de ce jour, François d'Assise l'envoie alors prêcher en Italie et en France pour aviver la foi au sein des communautés. Mais c'est en 1223 que ce dernier lui confie, à travers une lettre parvenue jusqu'à nous, la mission d'enseigner la théologie aux frères, créant ainsi, d'abord à Bologne, puis à Montpellier, Toulouse, et plus tard à Padoue (république de Venise), les premières écoles de théologie franciscaine.

Antoine est un grand connaisseur de la théologie et ses prédications rencontrent donc un franc succès, qui favorisent la conversion de nombreux hérétiques. Il fonde ainsi plusieurs communautés en France, à Brive notamment, et obtient ainsi la charge de Custode de Limoges jusqu'en 1227.

Supérieur d'Italie du Nord

Après la mort du fondateur de son ordre, François d'Assise, il reçoit la charge de Supérieur d'Italie du Nord. Il l'exerce durant trois ans, de 1227 à 1230. Au cours de cette fonction, il visite de nombreux couvents, mais montre ses préférences pour la ville de Padoue, à cause de l'amitié de la population à son égard, et de son attachement à l'Église. Il va d'ailleurs y effectuer plusieurs courts séjours, entre 1229 et 1230.

En 1230, au *Chapitre*, il renonce à sa charge de ministre provincial. Il est alors envoyé à Rome où il devient l'un des conseillers du pape Grégoire IX.

Les derniers mois

En 1231, il part finalement pour Padoue où il poursuit ses prêches durant le Carême.

L'épuisement dû à son intense travail l'oblige à prendre du repos. Après Pâques, il se retire avec quelques confrères dans la communauté de Camposampiero, à quelques kilomètres au nord de Padoue.

Le 13 juin 1231, au cours du repas, il est soudain pris de malaise. Se sentant proche de la mort, il demande à être transporté dans sa communauté de Padoue. Il y meurt d'épuisement à 36 ans, dans cette ville qui le vénère et qui lui donne son deuxième nom, saint Antoine de Padoue.

Pourquoi prier saint Antoine

De sa naissance au Portugal au XIIe siècle à sa mort précoce à Padoue, saint Antoine a été un grand prédicateur populaire, grand orateur, thaumaturge, il consacra tout son temps à porter la Bonne nouvelle et à combattre les hérésies dans toute l'Europe, à défaut d'avoir pu évangéliser le Maroc. C'est donc pour nous un modèle de vie et de courage pour affronter les épreuves de la vie, une maladie, un divorce, la perte d'un être cher.

Traditionnellement, les chrétiens s'adressent à lui pour les aider à retrouver un objet perdu ou dans les cas de pertes matérielles. Mais c'est aussi le protecteur des amoureux, de la famille, le saint du Portugal, des naufragés et des prisonniers.

Confiez-lui vos souffrances et vos espérances, il interviendra en votre faveur.

Si nous perdons de vue le Christ ou sommes délaissés dans notre vie, demandons son aide à saint Antoine pour retrouver foi, espérance et charité.

Le Lys de saint Antoine

Dans la tradition biblique, le lys blanc est un symbole de pureté et de virginité, il est d'essence divine.

Dans le christianisme, il désigne la virginité de Marie lors de l'Annonciation et symbolise également l'immortalité. Il est dès lors associée aux représentations médiévales du Christ ou de la Vierge Marie. Jusqu'au XVIe siècle, à travers sa blancheur, il demeure la fleur privilégiée pour représenter la pureté, mais aussi le symbole de l'Immaculée Conception.

Le lys est donc associé à saint Antoine, car ce dernier est désigné comme protecteur des mariages.

D'autres saints, vénérés pour leur pureté, sont également représentés tenant un lys : Claire et François d'Assise, Catherine de Sienne, Joseph, Dominique, François-Xavier...

CHRIS✝IC

PRIÈRES

Pour se mettre sous la protection de saint Antoine

Glorieux saint Antoine, je te prie d'être le tuteur de toute ma personne !
Je te confie mon corps, mon intelligence et toute ma vie !
Reçois-moi parmi tes serviteurs !
Aide-moi dans mes travaux !
Sois ma force dans mes infirmités et mes misères, mon espérance et mon refuge dans mes besoins, mon soutien dans tous les accidents !
Enfin, à l'heure de ma mort, prête-moi ta charitable assistance !

Amen

Prière pour trouver une personne ou retrouver un objet

*La dire pendant neuf jours.
À chaque croix, vous signer.*

† Grand saint Antoine, flambeau lumineux, je te prie d'éclairer mon esprit, afin que je puisse trouver *(nom ou tel objet)*, fais en sorte que je déjoue les ruses de Satan et que je sorte victorieux des pièges qu'il me tend pour me perdre et m'affliger.

† Je t'en supplie par la science que l'Esprit-Saint a si largement répandue en ton âme, pour éclairer l'Univers.

Ainsi soit-il !

Amen

Autre prière pour un objet perdu

Cher saint Antoine,
Glorieux servant de Dieu, célèbre pour tes mérites et puissants miracles, aide-nous à retrouver les choses perdues.
Concède-nous ton aide dans l'épreuve et illumine notre âme dans la quête de la volonté de Dieu.
Aide-nous à retrouver la grâce que notre péché a détruite et conduis-nous à la gloire promise par le Sauveur.
Nous te prions, par le Christ notre Seigneur.

Amen

PRIÈRE À SAINT ANTOINE POUR RETROUVER CE QUE L'ON A PERDU ET INTERCÉDER POUR NOUS

Cher saint Antoine,

Depuis près de dix siècles, le monde chrétien tout entier vous vénère. Riche dès la naissance, vous avez tout abandonné pour vivre pauvre et vous êtes entré chez les Franciscains après avoir étudié les sciences sacrées. Mais par humilité, vous avez caché vos grandes connaissances, et vos frères religieux ne les ont connues que lorsque saint François vous a donné l'ordre de prêcher partout la Vérité de Dieu. Dès lors, votre parole a converti des multitudes.

Vous aimiez tellement le Seigneur que vous désiriez le martyre, et le Seigneur vous a accordé la maladie ! À 36 ans, brûlant d'amour pour Dieu, épuisé par votre ministère, vous êtes mort en chantant un dernier cantique à la Sainte Vierge. Moins d'un an après, l'Église vous a canonisé, tant étaient nombreux les prodiges qui ont marqué votre vie et qui se sont poursuivis. Depuis, cela n'a pas cessé.

Vous qui avez reçu le privilège de faire retrouver les choses perdues, aidez-moi à retrouver celle que j'ai perdue, si telle est la volonté de Dieu, ainsi que la paix de ma conscience dont la perte m'afflige plus que toute autre chose au monde... À cette grâce, joignez celle de rester ferme dans ma foi et de ne jamais me séparer de Dieu. Je vous en fais la demande pour que vous intercédiez auprès de Dieu pour moi.

Obtenez-moi, ô saint Antoine, une foi sûre et joyeuse qui illumine ma vie et aide les autres. Il y a plus malheureux que moi, aidez-moi, à votre exemple, à les soulager. Que mon âme, mon cœur, ma bourse ne se ferment jamais aux besoins des autres. Que ma maison soit ouverte, mon évangile vivant, et que je partage mon pain.

Je le demande au Seigneur, par votre intermédiaire, ô grand saint Antoine, pour son amour et pour sa gloire, dans les siècles des siècles.

AMEN

Autre Prière pour obtenir une Grâce ou pour retrouver la volonté de Dieu

Grand saint Antoine,
je vous félicite de toutes les prérogatives dont Dieu vous a favorisé entre tous les Saints. La mort est désarmée par votre puissance, l'erreur est dissipée par vos lumières ; ceux que la malice s'efforce d'accabler, reçoivent par votre secours le soulagement tant désiré ; les lépreux, les malades et les estropiés obtiennent leur guérison par votre vertu ; les orages et les tempêtes de la mer sont apaisés sur votre commandement ; les chaînes des captifs sont rompues par votre autorité ; les choses perdues se retrouvent par vos soins ; tous ceux qui vous invoquent avec confiance sont affranchis des maux qu'ils endurent et des périls qui les menacent ; enfin, il n'est aucune nécessité sur laquelle votre pouvoir et votre bonté ne s'étendent.

Ô saint Antoine, puissant intercesseur, par toutes ces grâces que le Ciel vous a faites, je vous supplie de prendre un soin éternel de mon âme, de mon corps, de mes affaires et de ma vie toute entière, assuré que rien au monde ne pourra me nuire, tant que je serai sous la conduite et la sauvegarde d'un tel Patron et Protecteur. Recommandez mes besoins, et présentez mes misères au héros des miséricordes, au Dieu de toute consolation, afin que par vos mérites, il daigne me fortifier dans son service, me consoler dans mes afflictions, me délivrer de mes maux, ou tout au moins me donner la force de les supporter pour ma plus grande sanctification.

Ô parfait imitateur de Jésus-Christ qui avez reçu le privilège spécial de réparer les pertes, je vous supplie de me faire retrouver la volonté de Dieu, ou au moins le repos de mon esprit et la paix de ma conscience, dont la privation m'afflige plus sensiblement que la perte de toutes les choses du monde...

À ces faveurs, joignez-en une autre, qui est de me tenir ferme dans la possession des vrais biens intérieurs et cachés, de sorte qu'aucune force ennemie ne me les fasse perdre et ne me sépare de mon Dieu, auquel soient honneur et actions de grâces, maintenant et toujours.

Ainsi soit-il !

Invocation à saint Antoine pour trouver un domicile

Saint Antoine, toi qui vois Dieu face à face, et qui malgré l'extase éternelle dans laquelle tu vis au ciel, as encore de la compassion pour ceux qui sont ici-bas dans les sollicitudes de la vie.

Toi que l'on n'invoque jamais en vain dans les dangers, dans les calamités et dans les divisions de famille.

Toi qui mets en fuite les démons, qui as arraché au malin des milliers d'âmes perdues.

Toi qui pouvais être en plusieurs endroits à la fois, aide-moi à trouver le domicile dans lequel je pourrai faire vivre ma famille en sécurité.

Par la grâce de Notre Seigneur Jésus-Christ.

Ainsi soit-il !

Invocation dans la souffrance

Souviens-toi, cher saint Antoine, que tu as toujours aidé et consolé celui qui s'adresse à toi dans ses souffrances.

Animé d'une grande confiance, certain de ne pas prier en vain, je me tourne moi aussi vers toi. Ne rejette pas ma prière, mais fais qu'elle parvienne, par ton intercession, au trône de Dieu.

Viens à mon aide et obtiens la grâce que j'implore ardemment, pour la sérénité et la paix de mon âme...

Bénis mon travail et ma famille : protège-la des maladies et des dangers de l'âme et du corps. Fais que dans la douleur et l'épreuve, je puisse rester fort dans la foi et dans l'amour de Dieu.

Amen

Prière de chaque jour pour nous guider et nous protéger

Saint Antoine, toi le Saint de tout le monde, nous avons recours à toi. Nous te présentons humblement toutes nos intentions. Guéris nos malades, mets la paix dans nos familles. Éclaire et guide nos jeunes.

Accompagne nos aînés. Donne-nous le courage dans l'épreuve. Libère-nous de tout ce qui nous empêche de vivre notre foi.

Grand saint Antoine, daigne par-dessus tout nous ouvrir à l'action de l'Esprit Saint qui fera de nous tous et toutes des artisans de paix dans l'Église et dans le monde.

Par Jésus-Christ notre Seigneur.

Amen

PRIÈRE MIRACULEUSE
À SAINT ANTOINE

Saint Antoine, grand thaumaturge, médecin des malades, viens à ceux qui sont en souffrance et qui ont besoin de toi.
Ô Saint Antoine, toi qui fais des miracles, qui calme les esprits et apaises les corps, prends pitié de leurs âmes.
Bienheureux saint Antoine, le plus gentil de tous les saints, ton amour pour Dieu et ta charité pour ses créatures t'a rendu digne de pouvoirs miraculeux. Avec tes mots, tu as aidé ceux qui ont des problèmes ou des angoisses et des miracles se sont produits par ton intercession. Je te supplie d'obtenir pour moi...

(Mentionnez votre demande.)

Doux et cher saint, avec ton coeur toujours plein de compassion humaine, murmure ma demande au doux Enfant Jésus, qui aimait être dans tes bras, et reçois pour toujours la gratitude de mon coeur.

Amen

Prière à saint Antoine pour demander la grâce de la guérison

Cher saint Antoine, toi qui as toujours béni ceux qui recourent à toi avec confiance, je te prie avec ferveur pour un malade qui m'est cher. Je te supplie de lui obtenir le don de la guérison, ou au moins que ses souffrances soient soulagées et qu'il ait la force d'en faire l'offrande à Dieu en union à la passion de Christ.

Toi qui dans ta vie terrestre fût ami des malades et te dévouas par la charité et le don des miracles, reste près de nous pour nous protéger, donne du réconfort à notre cœur et fais que nos souffrances physiques et morales deviennent source de mérites pour la vie éternelle.

Amen

Prière pour la guérison des malades

Dans ce mystère Jésus où tu portes ta croix, nous te demandons le don de la guérison des malades. Par l'intercession de tous les saints et de saint Antoine, que toute maladie soit guérie dans ce mystère au nom de Jésus, que toutes les causes spirituelles de ces maladies soient chassées maintenant, car Jésus a tout porté dans son chemin de croix pour nous libérer.

Amen

Prière à saint Antoine pour une grâce personnelle

Saint Antoine, toi que l'on n'invoque jamais en vain, je me tourne vers toi, pour que tu m'obtiennes du Seigneur Dieu les grâces dont j'ai grand besoin, et particulièrement ce qui me tient tant à cœur…

(Précisez votre intention personnelle.)

Tu as toujours été mon bon et fidèle protecteur. Accueille, s'il te plaît, ma demande, pour que grâce à ton intercession, Dieu veuille bien m'exaucer, si telle est sa volonté. Que le Seigneur augmente ma foi et me garde le cœur ouvert et miséricordieux !
Par Jésus, le Christ, notre Seigneur.

Amen

Prière universelle

Ô saint Antoine, le plus gentil des saints, ton amour de Dieu et de ses créatures t'a valu, sur cette terre, des pouvoirs miraculeux. Je t'implore d'intercéder en ma faveur. Murmure ma demande aux oreilles du doux Enfant Jésus, qui aimait se blottir dans tes bras…

(Exprimez votre demande.)

Ô saint Antoine, saint des miracles, dont le cœur était rempli de compassion humaine, je t'en prie, exauce ma prière et je te serai reconnaissant pour toujours.

Amen

Confier les enfants à saint Antoine

Ô saint Antoine, nous nous tournons vers toi
pour mettre nos enfants sous ta protection.

Seigneur Jésus-Christ, Fils du Dieu vivant,
toi qui, engendré de toute éternité,
as voulu devenir un jour petit enfant ;
toi qui as affectueusement embrassé et béni
les petits qu'on te présentait
toi qui as voulu venir comme un enfant
dans les bras de saint Antoine,
ton ami et serviteur :
préviens ces enfants de tes bénédictions et fais
qu'aucune malice ne vienne troubler leurs âmes.

Amen

Invocation à saint Antoine

Cher saint Antoine, je te prie, confiant en ta bonté compatissante qui écoute et réconforte tout le monde : sois mon intercesseur auprès de Dieu.

Toi qui as eu une vie évangélique, aide-moi à vivre dans la foi et dans l'espérance chrétienne ; toi qui as prêché le message de la charité, sème le désir de paix et de fraternité dans le monde ; toi qui as secouru par tes miracles les personnes souffrantes et victimes de l'injustice, aide les pauvres et les personnes marginalisées dans ce monde.

Toi qui as eu une vie évangélique, bénis en particulier mon travail et ma famille, éloigne les maux de l'esprit et du corps, fais que je reste toujours uni à Dieu avec la foi de l'amour filial, dans les moments de joie et d'épreuve.

Amen

Bref de saint Antoine pour combattre les mauvais esprits

Voici la Croix du Seigneur
Fuyez ennemis de notre salut
Le Lion de la tribu de Juda
Le Rejeton de David a vaincu
Alléluia ! Alléluia !

Saint Antoine qui chassez les démons,
priez pour nous, afin que nous devenions dignes des promesses de Jésus-Christ.

Prions

Ô mon Dieu, que la puissante intercession du Bienheureux Antoine, votre confesseur, réjouisse Votre Église, en lui obtenant toujours de nouvelles faveurs spirituelles et la jouissance des joies éternelles. Par Jésus, le Christ, notre Seigneur.

Ainsi soit-il !

Prions « Marie, notre espérance » avec saint Antoine

Allons donc, Notre Dame, notre unique espoir, nous te supplions : éclaire nos esprits par la splendeur de ta grâce, purifie-les par la candeur de ta pureté ; réchauffe-les avec la chaleur de ta visite et réconcilie-nous avec ton Fils, pour que nos méritions de parvenir à la splendeur de sa gloire.

Avec l'aide de celui qui, en ce jour, par l'Annonciation de l'ange, a voulu assumer de toi la chair glorieuse et habiter pendant neuf mois dans ta chambre nuptiale ; à lui honneur et gloire pour les siècles éternels.

Amen

Prière « Notre-Dame, noble Mère de Dieu » de saint Antoine

« Nous te prions donc, Notre-Dame, noble Mère de Dieu, exaltée au-dessus des chœurs des anges : remplis notre cœur de la grâce céleste ; fais luire en nous l'or de ta sagesse ; raffermis-nous de ta force ; pare-nous de la pierre précieuse des vertus ; répands sur nous l'huile de ta miséricorde, toi Olive bénie, couvre la multitude de nos péchés, afin que nous méritions d'être élevés jusqu'à la hauteur de la gloire céleste, et d'être rendus heureux avec les tous bienheureux.
Que nous aide Jésus-Christ, ton Fils, qui aujourd'hui t'a exaltée au-dessus des chœurs des anges, t'a couronnée de la couronne du royaume et placée sur le trône de la lumière éternelle.
À lui l'honneur et la gloire pour les siècles des siècles. Et que toute l'Église chante : Amen. »

Pour obtenir des grâces spéciales

Admirable saint Antoine, glorieux pour la réputation des miracles et pour la prédilection de Jésus, venu en apparence d'enfant se reposer dans tes bras, donne-moi de ta bonté les grâces que je souhaite ardemment dans mon cœur.
Toi qui, si miséricordieux envers les misérables pécheurs, ne considère pas mes blâmes, mais considère la gloire de Dieu, qui sera une fois encore exaltée par toi et mon salut éternel, en connexion avec ma demande que maintenant je sollicite vivement.

(Exprimez la grâce que l'on a dans le cœur.)

En signe de ma gratitude, j'offrirai ma charité envers les nécessiteux, avec lesquels, pour la grâce de Jésus le Rédempteur et par ton intercession, je puisse entrer dans le Royaume des Cieux.

Amen

Notre ange gardien

À côté de nous, il y a un esprit céleste qui, du berceau à la tombe, ne nous quitte pas un instant, qui nous guide, qui nous protège comme un ami, comme un frère, qui doit aussi nous consoler toujours, spécialement dans les heures qui sont, pour nous, les plus tristes. Invoquez souvent cet ange gardien, cet ange bénéfique, en répétant souvent cette prière :

Ange de Dieu qui êtes mon gardien, vous à qui la bonté divine m'a confié, éclairez-moi, protégez-moi, guidez-moi, maintenant et toujours.

Amen

Pour les parents

Je te remercie, ô Seigneur, pour le grand don de mes parents. Je te prie pour eux, par l'intercession de saint Antoine, afin qu'ils soient toujours à la hauteur de leur mission, guidés toujours par l'aide divine, pour procurer mon bien spirituel et corporel.

Saint Antoine, aide et protège mes parents, fais descendre sur eux les grâces les plus élevés par l'Enfant Jésus, que tu tenais amoureusement dans tes bras ; garde-les dans la plénitude de la sainteté, et qu'après les fatigues terrestres, ils puissent se réjouir de la gloire, en union avec la Sainte-Trinité.

Amen

Prière de la famille pour l'intercession de saint Antoine

Ô Dieu, Père bon et miséricordieux, toi qui as choisi saint Antoine comme témoin de l'Évangile et messager de paix dans ton peuple, écoute la prière que nous t'adressons par son intercession.

Sanctifie chaque famille, aide-la à grandir dans la foi ; garde en elle l'unité, la paix, la sérénité. Bénis nos fils, protège les jeunes. Secours ceux qui souffrent par la maladie, de la souffrance et de la solitude.

Soutiens-nous dans les fatigues de chaque jour, en nous donnant ton amour.

Amen

Prière très efficace et très puissante contre les démons

Auguste Reine des Cieux, Souveraine Maîtresse des anges, Antoine, vous qui avez reçu de Dieu le pouvoir et la mission d'éloigner le venin de Satan, nous vous le demandons humblement, envoyez vos légions saintes, en compagnie de saint Antoine, pour que sous vos ordres et par votre puissance, elles poursuivent les démons, les combattent partout, répriment leur audace et les refoulements dans l'abîme.

Ô bonne et tendre Mère, vous serez toujours notre amour et notre espérance !
Ô Divine Mère, envoyez anges et saint Antoine pour nous défendre et garder loin de nous le cruel ennemi !
Saints anges et archanges, défendez-nous, gardez-nous !

Amen

Prière à saint Antoine pour un Miracle de conversion

Dans ce mystère, Seigneur, nous voici au pied de la croix pour plonger dans le Cœur de Marie, afin de mieux te consoler dans ton amère passion, dans ta mort sur la croix. Donne-nous un cœur de compassion, Seigneur, donne-nous d'unir notre compassion à celle de Marie pour toutes les âmes des pécheurs.

Avec saint Antoine, nous te demandons un miracle de conversion par ton Cœur Jésus, uni au Cœur de Marie. Que ta miséricorde couvre les âmes des plus grands pécheurs de ce monde, qu'elle sauve ceux qui sont en grand danger de se perdre.

Seigneur, fais de notre cœur un refuge de compassion et de miséricorde pour tous ceux qui en ont besoin, à l'image du cœur Immaculé de Marie.

Amen

Prière pour obtenir la grâce d'un travail

Ô saint Antoine,
Depuis plus de dix siècles, le monde chrétien tout entier te vénère tant étaient nombreux les prodiges qui ont marqué ta vie et qui se sont poursuivis.
Tu sais la grâce dont j'ai besoin : trouver un travail qui me permette de gagner dignement ma vie.
Je viens demander, non l'abondance, non pas aussi la pauvreté, craignant que l'une ne m'entraîne à la vanité, l'autre à l'impatience, au chagrin et au désespoir ; mais je demande une honnête suffisance des choses nécessaires à l'entretien de ma vie et celle de ma famille.

Je te prie d'intercéder auprès du Bon Dieu pour moi. Mais je désire surtout la force d'accomplir, dans la sérénité de l'âme et du cœur, la volonté de Dieu.

Obtiens-moi, ô saint Antoine, une foi, sûre et joyeuse qui illumine ma vie et aide les autres.

Obtiens-moi de me détacher de ce qui peut nuire à ma marche vers le Père des Cieux, « Lumière de la vie » et « source de toute consolation ».

Il y a plus malheureux que moi, aide-moi, à ton exemple, à les soulager. Que mon âme, mon coeur, ma bourse ne se ferment jamais aux besoins des autres. Que ma maison soit ouverte, mon évangile vivant, et que je partage mon pain.

Je le demande au Seigneur, par ton intermédiaire, ô grand saint Antoine, pour son amour et pour sa gloire, dans les siècles des siècles.

Amen

Prière à saint Antoine sur les nécessités de la vie

Patron de ceux qui se confient à vous,

Grand Saint Antoine, je viens demander non l'abondance, non pas aussi la pauvreté, craignant que l'une ne m'entraîne à la vanité, l'autre à l'impatience, au chagrin et au désespoir, mais une honnête suffisance des choses nécessaires à l'entretien de ma vie (et celle de ma famille).
Je suis composé de corps et d'âme : le corps a besoin de nourriture et de vêtements ; la grâce est nécessaire à l'âme pour vivre d'esprit et servir Dieu qui est Esprit ; tous deux sont exposés à beaucoup d'infirmités.

Père des pauvres, assistez-moi et délivrez-moi de tout ce qui peut me nuire en l'un ou en l'autre.

Ainsi soit-il !

« Demandez, vous obtiendrez »
(Matthieu, 7 ; 7)

Notre Père qui nous aime, ne peut rien refuser à qui s'en remet à lui. La prière ouvre notre cœur pour recevoir les grâces dont nous avons besoin : la santé, l'espérance, la joie d'une vie de couple, le réconfort d'une famille unie.
Saint Antoine, par le Seigneur Jésus-Christ, a réalisé beaucoup de miracles dans sa vie et après sa mort. Comme tant de chrétiens à travers les siècles, confions-lui nos demandes afin qu'il puisse les murmurer à l'oreille de Dieu.

Amen

Prière à saint Antoine pour la prospérité et l'argent

Béni sois-tu mon Dieu, de me venir en aide pour que je puisse avoir l'argent nécessaire pour vivre et rendre heureux mes proches, puisque tu as dit, « à moi l'argent, à moi l'or », c'est toi qui fais le riche et le pauvre, c'est de toi que viennent la richesse et la gloire.
Dieu mon père, tu as promis que tu ne me laisseras pas et que tu ne m'abandonneras pas.
Tu es la source de ma richesse, tu pourvois magnifiquement à tous mes besoins, car tu combles tous ceux qui espèrent en toi.
Tu leur donnes la nourriture en son temps, tu ouvres ta main et tu les rassasies à souhait.

Merci saint Antoine de me donner aujourd'hui l'argent, et tout ce qui m'est nécessaire pour vivre et accomplir ta volonté dans mes entreprises, oui, merci de me donner la force de les acquérir.
Je ne m'en servirai que pour faire le bien.

Je ne veux pas m'y attacher pour devenir cupide et idolâtre ou pour satisfaire mes instincts.
Aide-moi à me faire des amis avec les biens périssables, à donner avec joie, sans tristesse ni contrainte, à ne pas fermer mon cœur à mon frère dans le besoin.

Merci saint Antoine de me combler aujourd'hui et d'assurer mon lendemain, toi qui es infiniment bon, toi ma seule richesse et ma joie.

Amen

Prière des treize mardis

Pourquoi et comment prier treize mardis ?

Mort le 13 juin 1231, saint Antoine est donc enterré 4 jours après, un mardi, à Padoue, et symboliquement aussi au Portugal, la terre de sa naissance. Dès lors, les croyants ont pris l'habitude de le prier et de venir sur sa tombe ce jour-là.

Dans l'idéal, la prière à saint Antoine, chaque mardi, doit être précédée des sacrements de réconciliation (confession) et d'eucharistie (communion). Lui, qui a tant confessé dans sa vie, est particulièrement à l'écoute des cœurs repentants et grands ouverts à l'amour et à la miséricorde de Dieu.

Saint Antoine est bien connu pour ses miracles et sa capacité à nous obtenir des grâces. Il existe bien des prières à saint Antoine, mais l'invoquer durant treize mardis se révèle très fructueux.

1ᵉʳ MARDI, prière de la foi

Saint Antoine, sanctuaire de la céleste sagesse, obtenez-moi une foi ferme, inébranlable et agissante.

2ᵉ MARDI, prière de l'espérance

Saint Antoine, guide du voyageur, obtenez-moi de me rappeler sans cesse la récompense du ciel afin que je marche toujours dans le chemin de la vertu.

3ᵉ MARDI, prière de la charité

Saint Antoine, saint de charité, obtenez-moi de ne jamais rien dire ou faire qui puisse attrister mon prochain.

4ᵉ MARDI, prière de l'amour pour Jésus

Saint Antoine, ami de Jésus et de Marie, obtenez-moi de bien me préparer à mes communions et de prouver mon amour pour le divin sauveur, par une vie chrétienne et édifiante.

5ᵉ MARDI, prière de la prudence

Saint Antoine, qui avez montré à vos religieux de Brive que l'on doit se méfier de l'enfer, même lorsqu'il y a du bien à faire, obtenez-moi de bien discerner ce que Dieu veut de moi et ce que je dois faire pour le bien de mon âme.

6ᵉ MARDI, PRIÈRE DE LA JUSTICE

Saint Antoine, grand défenseur de la justice, obtenez-moi de toujours bien pratiquer envers Dieu, mon prochain et moi-même, cette belle vertu.

7ᵉ MARDI, PRIÈRE DE LA PATIENCE

Saint Antoine, doux et patient, à l'exemple du sauveur Jésus, obtenez-moi la patience et la résignation dans les peines et les épreuves, petites et grandes, qu'il plaît à Dieu de m'envoyer.

8ᵉ MARDI, PRIÈRE DE LA PÉNITENCE

Saint Antoine, grand saint, ami de la pénitence, obtenez-moi de bien faire les abstinences et les jeûnes imposés par la sainte Église.

9ᵉ MARDI, PRIÈRE DE L'HUMILITÉ

Saint Antoine, accordez-moi de bien me connaître et de rapporter à Dieu tout ce qu'il peut y avoir de bien et de bon en moi.

10ᵉ MARDI, PRIÈRE DE PURETÉ

Saint Antoine, grand saint de pureté céleste, défenseur de l'innocence, obtenez-moi de garder mon corps et mon âme dans la plus parfaite pureté.

11ᵉ MARDI, PRIÈRE D'OBÉISSANCE

Saint Antoine, grand saint, miroir d'obéissance, obtenez-moi de voir toujours Dieu dans tous ceux auxquels je dois obéissance et faites que j'obéisse toujours pour l'amour de Dieu.

12ᵉ MARDI, PRIÈRE DE LA PAUVRETÉ

Saint Antoine, grand saint, perle de pauvreté, obtenez-moi de ne rechercher les biens de la terre et de la fortune qu'autant qu'ils sont nécessaires ou utiles pour le bien de mon âme.

13ᵉ MARDI, ESPRIT DE PRIÈRE

Saint Antoine, grand saint, qui avez toujours été uni à Dieu, obtenez-moi de ne pas perdre de vue la présence de Dieu au milieu de mes occupations. Aidez-moi à offrir mon travail et mes prières à Dieu et à le faire par amour pour lui.

Durant treize semaines, nous voyageons à travers les vertus si chères à ce moine franciscain : l'humilité, la pauvreté, l'obéissance...

Nous suivons ses traces pour aller à sa rencontre, lui qui a tant voyagé à la découverte de son prochain.

Prière pour la famille

Cher saint Antoine, nous nous adressons à toi pour obtenir ta protection sur toute notre famille. Appelé de Dieu, tu as abandonné ta maison et ta famille pour consacrer ta vie au prochain, et tu es venu en aide à de nombreuses familles, personnes et couples et pour répandre la paix.

Interviens en notre faveur : obtiens-nous la santé du corps et de l'esprit, donne-nous une authentique communion qui nous ouvre à l'amour du prochain ; que notre famille soit, à l'exemple de la sainte Famille de Nazareth, une petite église domestique, et que chaque famille dans le monde devienne un sanctuaire de la vie et de l'amour.

Amen

Prière de bénédiction du foyer

Cher saint Antoine, bénis et protège ma famille, garde-la unie dans l'amour, assiste-la dans ses nécessités et éloigne d'elle tout mal.
Bénis mon époux (mon épouse) et bénis-moi : fais que nous ayons toujours du travail et le nécessaire pour vivre honnêtement et éduquer les enfants que le Seigneur nous a donnés. Bénis nos enfants, garde-les en bonne santé et plein de bonne volonté à faire du bien, aide-les dans leurs études, garde-les du mal et ne permets pas qu'ils perdent la foi.

Fais que nous soyons capables de comprendre nos enfants et de les guider par la parole et par l'exemple. Qu'ils aspirent toujours aux idéaux les plus beaux et qu'ils puissent réaliser dans leur vie leur vocation humaine et chrétienne.

Amen

Pour un mariage réussi

Saint Antoine, je sais que le mariage est une vocation bénie par Dieu. C'est le sacrement de l'amour, comparable à l'amour que le Christ a envers l'Église.

Je me sens appelé(e) par le mariage : je te demande, saint Antoine, de m'aider à trouver un(e) compagnon (compagne) bon(ne), aimable, sérieux(se) et sincère, et qui aura les mêmes sentiments d'affection que moi-même je ressentirai pour lui (elle). Fais que nous nous complétions l'un l'autre et que nous formions une union bénie par Dieu, pour qu'à nous deux, unis, nous soyons capables de l'emporter sur d'éventuels problèmes familiaux. Conserve également notre amour toujours vivant afin que jamais il ne nous manque compréhension et harmonie familiale. Saint Antoine, bénis-nous, moi et mon (ma) futur(e) compagnon (compagne) ; accompagne-nous jusqu'à l'autel et conserve-nous unis pour le reste de notre vie.

Amen

Prière à saint Antoine pour les fiancés

Grand saint Antoine,

Toi qui es le protecteur des amoureux,
Regarde-moi, ma vie, mes désirs.
Défends-moi des dangers,
Éloigne de moi les échecs,
les désillusions, les désenchantements.

Fais en sorte que je sois réaliste,
que j'aie confiance, que je sois digne et joyeux(se).
Que je sache marcher en regardant l'avenir et la vie à deux avec la vocation sacrée de fonder une famille.
Que ma relation soit heureuse et mon amour sans mesure.
Que tous les amoureux cherchent la compréhension mutuelle, la communion de vie et la croissance dans la foi.

Amen

Pour rencontrer l'amour, votre âme sœur, l'autre moitié, votre complément de vie

Ô saint Antoine, gentilhomme des saints, ton amour pour Dieu et ta charité pour ses créatures t'ont rendu digne, lorsque tu étais sur terre, de posséder des pouvoirs miraculeux. Encouragé par cette pensée, je te prie de me l'obtenir.

(Faites votre demande.)

Ô doux et aimant saint Antoine, dont le cœur a toujours été plein de sympathie humaine, murmure ma demande à l'oreille du doux Enfant Jésus, qui aimait être dans tes bras.
La gratitude de mon cœur sera toujours la tienne.

Amen

Prière à saint Antoine de Padoue pour un amour perdu

Ô saint Antoine, protecteur des amoureux, toi qui toute ta vie a su entendre le cri de ceux qui souffrent, je te confie aujourd'hui ma peine.
Tu aides ceux qui ont recours à toi à retrouver ce qu'ils ont perdu. J'ai perdu la tendresse et l'amour d'une personne qui m'est chère. Si telle est la volonté de Dieu, guide-moi vers elle.

Intercède pour moi, auprès du Seigneur miséricordieux, afin qu'il nous accorde la grâce de nous retrouver, la force de nous écouter, de reconnaître nos erreurs, de nous pardonner ; qu'il fasse refleurir entre nous un amour sans mesure, sincère, respectueux et attentif à l'autre, à l'image de l'amour que le Christ nous a enseigné.

Mais je désire surtout la force d'accomplir, dans la sérénité de l'âme et du cœur, la volonté de Dieu. S'il n'est pas dans le plan divin que nous soyons réunis, saint Antoine, obtiens-moi la grâce de l'accepter avec confiance et de rester ferme dans ma foi pour avancer sur le chemin que le Seigneur a imaginé pour moi.

Saint Antoine, prie pour moi le Seigneur notre Dieu.

AMEN

CHRIS✝IC

NEUVAINES

- 1 -

Avant de commencer la neuvaine :

Notre Père
Je vous salue Marie
*Gloire au Père (3 fois)**

Enchaînez avec la Prière qui correspond au jour, puis terminez par celle-ci :

Saint Antoine, j'ai recours à votre protection,
et comme preuve de ma foi et de mon
affection pour vous, je vous offre ce cierge
et tout ce que mon âme possède.
Je me prosterne à vos pieds.

Saint Antoine, du fond de ma misère,
je vous supplie, voyez la situation où je me
trouve, réconfortez-moi dans ma détresse.

---

* Pour rappel, vous trouverez page 100 et suivantes, toutes ces prières avec le « *Je crois en Dieu* ».

Intercédez pour moi et ma famille auprès
du sauveur Jésus-Christ, afin que nous
conservions toujours l'amour de Dieu
dans nos cœurs.
Assistez-nous dans les nécessités de la vie.

Ô saint Antoine, écoutez nos prières,
ayez pitié de nous.
Accordez-nous les faveurs que nous sollicitons.
Je crois en vous.
J'ai confiance en vous.

(Exposez vos demandes.)

Notre Père
Je vous salue Marie
Gloire au Père (3 fois)

Le grand saint Antoine accordera ainsi ce que vous lui demandez, quels que soient les difficultés, les peines et les tourments.
Demandez-lui la paix afin qu'elle soit aussi dans votre cœur...

Premier jour

Saint Antoine, toi qui recherchais la solitude entre les courses apostoliques pour te livrer à la contemplation, préserve-nous de l'agitation et du bruit. Donne-nous le goût de la prière. Apprends-nous à louer Dieu comme tu le louais, à lui parler comme tu Lui parlais.
Que notre cœur, à l'exemple du tien, s'ouvre à la richesse de l'Amour Divin.
Amen.

Notre Père
Je vous salue Marie
Gloire au Père (1 fois)

Deuxième jour

Saint Antoine, par ta fidélité à l'Évangile, tu es devenu le sel de la terre, lumière du monde et de l'Église. Accorde-nous cette même fidélité généreuse pour que notre vie, loin de s'affadir, soit remplie de bonnes œuvres et qu'ainsi toute gloire soit rendue au Père des Cieux.

Notre Père
Je vous salue Marie
Gloire au Père (1 fois)

Troisième jour

Saint Antoine, toi dont la langue n'a pas connu la corruption, parce que tu n'as jamais cessé de bénir le Seigneur ni d'inviter les hommes à le bénir, fais-nous la grâce de participer à ta louange et d'annoncer Jésus-Christ tous les jours de notre vie.

Notre Père
Je vous salue Marie
Gloire au Père (1 fois)

Quatrième jour

Saint Antoine, à qui le *Poverollo* Saint François demanda d'enseigner la théologie aux premiers frères de l'Ordre, en les incitant à l'esprit de prière et de dévotion, ouvre notre intelligence et notre cœur à la connaissance des mystères de Dieu. Aide-nous à rechercher toujours la vérité et à vivre dans l'obéissance de l'Église.

Notre Père
Je vous salue Marie
Gloire au Père (1 fois)

Cinquième jour

Saint Antoine, reconnu comme le « Saint de tout le monde », tu aimais particulièrement les petits et les pauvres. Rends-nous fraternels à tous ceux qui souffrent et qui peinent pour qu'ils renaissent à l'espérance et qu'ils retrouvent le chemin de la joie.

Notre Père
Je vous salue Marie
Gloire au Père (1 fois)

Sixième jour

Saint Antoine, tu as puisé ta bonté dans le cœur de l'Enfant Jésus que tu portes dans tes bras. Avec la douceur des humbles, donne-nous aussi l'ardeur des artisans de paix, la clarté des pairs et la générosité des miséricordieux. Apprends-nous à regarder nos semblables avec bienveillance et à les aimer de tout notre cœur.

Notre Père
Je vous salue Marie
Gloire au Père (1 fois)

Septième jour

Saint Antoine, dans la Croix du Christ, tu nous invites à découvrir le prix de notre vie et à mesurer la profondeur de notre blessure que seul le Sang du Fils de Dieu pouvait guérir. Aide-nous à comprendre de quel amour nous sommes aimés et à offrir nos souffrances pour le salut du monde.

Notre Père
Je vous salue Marie
Gloire au Père (1 fois)

Huitième jour

Saint Antoine, tu aimais tendrement Marie, la Mère de Jésus, tu l'invoquais comme la « Glorieuse Dame et la Porte du Ciel », et tu avais recours à elle chaque jour, spécialement dans les heures difficiles. Avec toi, nous voulons la prier humblement et lui donner notre confiance en nous recommandant à son secours.

Notre Père
Je vous salue Marie
Gloire au Père (1 fois)

Neuvième jour

Saint Antoine, élevé dans la gloire du Ciel, intercède pour nous auprès de Jésus et de Marie. Sois pour tous l'ami fidèle, attentif à nos besoins. Au milieu de nos joies et de nos peines, conduis-nous sur le chemin qui mène à Dieu et que s'ouvrent enfin pour nous les portes du Royaume.

Notre Père
Je vous salue Marie
Gloire au Père (1 fois)

- 2 -

Neuvaine en cas de grande difficulté

Premier jour

Saint Antoine, enfant, ta plus grande joie était de servir la messe et de prier la Vierge Marie. Aide-moi à mieux comprendre la grandeur, la valeur inestimable d'une Eucharistie, renouvellement non sanglant du sacrifice du Calvaire, mystère de foi et d'amour. Saint Antoine, je sais que l'on ne t'invoque jamais en vain. C'est pourquoi, avec toute ma confiance, je te demande de prier pour moi et de m'obtenir du seigneur la grâce... *(Dire la grâce.)*

Je crois en Dieu
Notre Père
Je vous salue Marie (3 fois)
Gloire au Père (1 fois)

Saint Antoine, priez pour nous.

Deuxième jour

Saint Antoine, dès ton enfance, tu aimais prier la très Sainte Vierge Marie, tu lui parlais simplement avec ton cœur comme un enfant parle à sa maman. Puissions-nous comprendre, comme toi, toute la tendresse de Marie et la prier avec une grande confiance puisqu'elle est notre Mère. Saint Antoine, je sais que l'on ne t'invoque jamais en vain. C'est pourquoi, avec toute ma confiance, je te demande de prier pour moi et de m'obtenir du Seigneur la grâce...
(Dire la grâce.)

Je crois en Dieu
Notre Père
Je vous salue Marie (3 fois)
Gloire au Père (1 fois)

Saint Antoine, priez pour nous.

Troisième jour

Saint Antoine, à ceux qui venaient à toi, tu recommandais de réciter chaque jour, matin et soir, trois « Je vous salue Marie » afin d'honorer la virginité sans tache de la très Sainte Vierge Marie, et pour qu'elle garde ceux qui la priaient ainsi de tous les dangers du monde et du péché, Saint Antoine, veux-tu, avec nous et pour nous, demander la protection de la très Sainte Vierge Marie. Saint Antoine, je sais que l'on ne t'invoque jamais en vain. C'est pourquoi, avec toute ma confiance, je te demande de prier pour moi et de m'obtenir du Seigneur la grâce...
(Dire la grâce.)

Je crois en Dieu
Notre Père
Je vous salue Marie (3 fois)
Gloire au Père (1 fois)

Saint Antoine, priez pour nous.

Quatrième jour

Saint Antoine, tu étais animé d'un grand amour de Dieu et du prochain. Tu étais l'ami vrai des pauvres, des délaissés, des plus malheureux. Apprends-nous à voir dans tous ceux qui souffrent l'image du Christ, nous souvenant de cette parole de Jésus : « Ce que vous avez fait au plus petit d'entre les miens, c'est à moi que vous l'avez fait. » Saint Antoine, je sais que l'on ne t'invoque jamais en vain. C'est pourquoi, avec toute ma confiance, je te demande de prier pour moi et de m'obtenir du Seigneur la grâce...
(Dire la grâce.)

Je crois en Dieu
Notre Père
Je vous salue Marie (3 fois)
Gloire au Père (1 fois)

Saint Antoine, priez pour nous.

Cinquième jour

Saint Antoine, animé d'un grand zèle pour sauver les âmes, tu voulus partir en mission pour aller continuer l'œuvre des missionnaires et proclamer la victoire du Christ, Roi de l'Univers, pour les siècles des siècles. Saint Antoine, prie pour nous, pour tous ceux qui aujourd'hui encore, donnent sans compter leur force, leur amour pour faire connaître et aimer Dieu. Saint Antoine, je sais que l'on ne t'invoque jamais en vain. C'est pourquoi, avec toute ma confiance, je te demande de prier pour moi et de m'obtenir du Seigneur la grâce... *(Dire la grâce.)*

Je crois en Dieu
Notre Père
Je vous salue Marie (3 fois)
Gloire au Père (1 fois)

Saint Antoine, priez pour nous.

Sixième jour

Saint Antoine, tu fus un grand prédicateur de l'Évangile. Les foules venaient pour t'écouter. Tous ceux qui t'entendaient étaient émerveillés de ce que tu disais. Ils se convertissaient et voulaient devenir meilleurs. Prie pour nous, saint Antoine, afin que nous écoutions avec foi, avec respect, avec confiance, la Bonne Nouvelle et que nous nous efforcions de vivre comme Jésus l'a demandé et nous le demande encore dans l'Évangile. Saint Antoine, je sais que l'on ne t'invoque jamais en vain. C'est pourquoi, avec toute ma confiance, je te demande de prier pour moi et de m'obtenir du Seigneur la grâce… *(Dire la grâce.)*

Je crois en Dieu
Notre Père
Je vous salue Marie (3 fois)
Gloire au Père (1 fois)

Saint Antoine, priez pour nous.

Septième jour

Saint Antoine, comme saint François d'Assise, tu contemplais la nature, tu admirais l'œuvre de Dieu chaque jour, tu louais le Seigneur pour les merveilles de sa Création. Que nous aussi, nous pensions chaque jour à louer Dieu et à le remercier pour tout ce qu'Il a créé et fait encore pour nous. Saint Antoine, je sais que l'on ne t'invoque jamais en vain. C'est pourquoi, avec toute ma confiance, je te demande de prier pour moi et de m'obtenir du Seigneur la grâce...
(Dire la grâce.)

Je crois en Dieu
Notre Père
Je vous salue Marie (3 fois)
Gloire au Père (1 fois)

Saint Antoine, priez pour nous.

Huitième jour

Saint Antoine, malgré ta grande intelligence, ta grande éloquence, les miracles que le Seigneur te donnait de réaliser, le grand succès que tu avais auprès des foules, tu es toujours resté très humble, rapportant tout à Dieu. Saint Antoine, prie pour que nous restions toujours simples, humbles devant Dieu et devant les hommes. Que jamais nous ne cédions à l'orgueil, à la suffisance, à la jalousie. Saint Antoine, je sais que l'on ne t'invoque jamais en vain. C'est pourquoi, avec toute ma confiance, je te demande de prier pour moi et de m'obtenir du Seigneur la grâce… *(Dire la grâce.)*

Je crois en Dieu
Notre Père
Je vous salue Marie (3 fois)
Gloire au Père (1 fois)

Saint Antoine, priez pour nous.

Neuvième jour

Saint Antoine, tu étais le consolateur, le protecteur de tous ceux qui avaient recours à toi, sachant ta puissance intercession. Le Seigneur t'accordait même d'accomplir des miracles pour ceux qui venaient t'implorer avec humilité, confiance. Saint Antoine, nous aussi, nous avons grande confiance en ta puissante intercession. Nous savons que tu obtiens toujours ce que tu demandes pour notre bien, on ne t'invoque jamais en vain. C'est pourquoi, avec toute ma confiance, je te demande de prier pour moi et de m'obtenir du Seigneur la grâce...
(Dire la grâce.)

Je crois en Dieu
Notre Père
Je vous salue Marie (3 fois)
Gloire au Père (1 fois)

Saint Antoine, priez pour nous.

CHRIS✝IC

LITANIES

- 1 -

Protectrice contre le mal

Seigneur, ayez pitié de nous.
Jésus-Christ, ayez pitié de nous.
Seigneur, ayez pitié de nous.

Jésus-Christ, écoutez-nous.
Jésus-Christ, exaucez-nous.

Dieu le Père, du haut des cieux, ayez pitié de nous.
Dieu le Fils, Rédempteur du monde,
ayez pitié de nous.
Dieu le Saint-Esprit, ayez pitié de nous.
Trinité-Sainte, qui êtes un seul Dieu,
ayez pitié de nous.
Sainte Marie, conçue sans la tache originelle,
priez pour nous.

Saint Antoine, gloire de l'Ordre séraphique,
Saint Antoine, arche du Testament,
Saint Antoine, sanctuaire de la céleste Sagesse,

Saint Antoine, foulant aux pieds les vanités du monde,
Saint Antoine, vainqueur de la concupiscence,
Saint Antoine, ami de la pénitence,
Saint Antoine, miroir d'obéissance,
Saint Antoine, perle de pauvreté,
Saint Antoine, lis de céleste pureté,
Saint Antoine, type d'humilité,
Saint Antoine, amateur passionné de la croix,
Saint Antoine, martyr de désir,
Saint Antoine, fournaise de charité,
Saint Antoine, zélateur de la justice,
Saint Antoine, apôtre de l'Évangile,
Saint Antoine, marteau des hérétiques,
Saint Antoine, lumière éclairant les pécheurs,
Saint Antoine, effroi des infidèles,
Saint Antoine, modèle des parfaits,
Saint Antoine, consolateur des affligés,
Saint Antoine, vengeur du crime,
Saint Antoine, défenseur de l'innocence,
Saint Antoine, libérateur des captifs,
Saint Antoine, guide des voyageurs,
Saint Antoine, guérisseur des malades,
Saint Antoine, semeur de miracles,
Saint Antoine, qui rendez la parole aux muets,
Saint Antoine, qui donnez l'ouïe aux sourds,

Saint Antoine, qui rendez la vue aux aveugles,
Saint Antoine, qui redressez les boiteux,
Saint Antoine, qui chassez les démons.
Saint Antoine, qui faites retrouver les choses perdues,
Saint Antoine, qui domptez la fureur des tyrans.

Des embûches du démon, saint Antoine, délivrez-nous.
De la foudre et de l'orage, saint Antoine, délivrez-nous.
Par votre intercession, saint Antoine, protégez-nous.
Dans tout le cours de notre vie,
saint Antoine, protégez-nous.

Agneau de Dieu, qui effacez les péchés du monde, pardonnez-nous, Seigneur.
Agneau de Dieu, qui effacez les péchés du monde, exaucez-nous, Seigneur.
Agneau de dieu, qui effacez les péchés du monde, ayez pitié de nous.

V. Saint Antoine, priez pour nous.
R. Afin que nous soyons dignes des promesses de Jésus-Christ.

Prions

Seigneur, faites, nous vous en supplions, que le bienheureux Antoine, votre illustre confesseur, secoure votre peuple par sa fervente et continuelle intercession, qu'il nous rende dignes maintenant de votre grâce, et nous donne les joies éternelles de la vie future.
Par le Christ Notre-Seigneur.

Ainsi soit-il !

- 2 -

À RÉCITER EN TOUTE CIRCONSTANCE

Saint Antoine, docteur de l'Église,
Saint Antoine, nourri de l'enseignement de Dieu,
Saint Antoine, rempli de la sagesse divine,
Saint Antoine, lumière des esprits,
Saint Antoine, apôtre zélé de l'Évangile,
priez pour nous.
Saint Antoine, admirable imitateur de Jésus,
Saint Antoine, fidèle serviteur de Marie,
Saint Antoine, exemple d'humilité,
Saint Antoine, lys d'angélique pureté,
Saint Antoine, dédaigneux des richesses,
Saint Antoine, ami de la pauvreté,
priez pour nous.
Saint Antoine, semeur de miracles,
Saint Antoine, qui redressez les boiteux,
Saint Antoine, qui guérissez les malades,
Saint Antoine, qui chassez les démons,

Saint Antoine, protecteur des innocents,
priez pour nous.
Saint Antoine, défenseur des opprimés,
Saint Antoine, libérateur des captifs,
Saint Antoine, ennemi de l'égoïsme,
Saint Antoine, modèle d'obéissance,
Saint Antoine, guide des voyageurs,
Saint Antoine, secourable à tous, priez pour nous.
Saint Antoine, préservez-nous de l'ignorance
de l'enseignement du Christ,
de la négligence dans le service de Dieu,
des dangers auxquels notre âme est exposée,
de tout péché et de tout accident, dans la vie.

Amen

Chapelet à saint Antoine

Après un signe de croix.

On commence le chapelet de saint Antoine par les trente-neuf grains, regroupés en treize groupes de trois grains.

Sur le premier grain, on récite un *Notre Père*.
Sur le deuxième grain, un *Je vous salue Marie*.
Sur le troisième grain, un *Gloire au Père*.

Sur le grain séparé des autres, entre les deux médailles, on récite le *Bref de saint Antoine* :

> Voici la croix du Seigneur !
> Fuyez, puissances ennemies !
> Le lion de la tribu de Juda,
> le rejeton de David, a vaincu !
> Alléluia !

Sur la médaille de saint Antoine, on récite une prière en son honneur, on s'adresse à lui et on lui demande de prier pour nous et de nous accorder les grâces souhaitées.

EN COMPLÉMENT

Église de Saint-Antoine à Lisbonne

Quelques lieux de culte

PORTUGAL

Dans le quartier de l'Alfama, à Lisbonne, à proximité de la Cathédrale Sé, se trouve la petite église de Saint-Antoine. Elle a été construite à l'emplacement de la naissance du saint, en 1195.

Saint protecteur des mariages et de la fertilité, il est fréquent de trouver dans ce lieu de recueillement, quelques fiancés venir y échanger leurs voeux.

Mais saint Antoine est également le saint patron de Lisbonne, et le 12 juin, les *Casamentos de Santo Antonio* (mariages de saint Antoine), sont célébrés traditionnellement à la mairie puis à la cathédrale de Lisbonne. Cette cérémonie est destinée à de jeunes couples ayant peu de moyens financiers, et c'est donc la mairie de Lisbonne qui leur offre le mariage.

ITALIE

La basilique Saint-Antoine de Padoue (Basilica di Sant'Antonio da Padova) est la deuxième plus grande église de la ville de Padoue en Italie et la plus visitée. Elle fut édifiée sur l'église existante, à partir de 1238. Le corps de saint Antoine est déposé dans la chapelle Sainte Marie, surmomée la Vierge Noir, sans doute pour son visage coloré.

Basilique à l'architecture monumentale où se produisirent plusieurs miracles attribués à saint Antoine, c'est un important lieu de pèlerinage.

La basilique Saint-Antoine à Padoue

FRANCE

À Paris, l'église catholique Saint-Antoine de Padoue, placée sous l'invocation de saint Antoine, est située dans le 15e arrondissement. La première pierre fut posée le 11 juin 1933 à la Porte de Plaisance.

À Nice, la paroisse Saint-Antoine de Padoue couvre plusieurs communes.

À Dunkerque, l'église du début du 20e siècle, a été en partie reconstruite et réaménagée entre 1983 et 1988 par l'architecte Maurice Salembier.

D'autres paroisses Saint-Antoine de Padoue se trouvent à Toulon, Marseille, au Petit-Quevilly...

À Brive, les grottes de Saint-Antoine où il vécut, sont devenues un lieu de pèlerinage national.

Grottes de Saint-Antoine à Brive

Notre Père

Notre Père, qui es aux cieux,
que Ton Nom soit sanctifié,
que ton Règne vienne,
que Ta volonté soit faite sur la terre
comme au ciel.
Donne-nous aujourd'hui notre pain quotidien, pardonne-nous nos offenses comme nous pardonnons aussi à ceux qui nous ont offensés, et ne nous laisse pas entrer en tentation, mais délivre-nous du mal.

Amen.

Je vous salue Marie

Je vous salue Marie,
pleine de grâces,
le Seigneur est avec Vous ;
Vous êtes bénie entre toutes les femmes,
et Jésus, le fruit de vos entrailles, est béni.
Sainte Marie, Mère de Dieu,
priez pour nous, pauvres pécheurs,
maintenant et à l'heure de notre mort.

Amen.

Je crois en Dieu

Je crois en Dieu,
le Père tout-puissant,
Créateur du ciel et de la terre
et en Jésus-Christ
Son Fils unique,
Notre Seigneur ;
qui a été conçu du Saint-Esprit,
est né de la Vierge Marie ;
a souffert sous Ponce Pilate,
a été crucifié, est mort,
et a été enseveli ;
est descendu aux enfers
le troisième jour est ressuscité des morts ;
est monté aux cieux,
est assis à la droite de Dieu
le Père tout-puissant ;
d'où Il viendra juger
les vivants et les morts.
Je crois au Saint-Esprit,
à la sainte Église Catholique,
à la communion des Saints,
à la rémission des péchés,
à la résurrection de la chair,
à la vie éternelle. AMEN.

GLOIRE AU PÈRE

Gloire au Père et au Fils
et au Saint-Esprit.
Comme il était au commencement,
maintenant et toujours,
et dans les siècles des siècles.

AMEN.

Table des matières

Biographie 5
Prières 13
Prière des treize mardis 48
Neuvaines 61
   1. 63
   2. En cas de grande difficulté 75
Litanies 85
   1. Protectrice contre le mal. 87
   2. À réciter en toute circonstance 91
Chapelet à saint Antoine 93
En complément 95
Quelques lieux de culte 97

CHRIS†IC

Saint Antoine, priez pour nous !
Saint Antoine, exaucez-nous !